CATALOGUE

DE TABLEAUX

DES PLUS GRANDS MAITRES

DES TROIS ECOLES,

Parmi lesquels, outre plusieurs chef-d'œuvres, on reverra avec plaisir, des Tableaux venant de la belle Galerie du Duc d'ORLÉANS, lesquels avoient été transportés en Angleterre; de Dessins montés de différens Maîtres, de Terres cuites, Figures & Bustes en Marbre & en Bronze antique; de Vases précieux, de Granite rose oriental, Fûts de Colonne de Porphyre rouge; de plusieurs Émaux du célèbre PETITOT; de belles Agathes d'Orient en coupes, Tasses, Flacons d'odeur & Boëtes herborisées; de Pierres gravées en creux & en relief, antiques & modernes; de plusieurs Morceaux fins & précieux, d'ancien laque du Japon; de différentes Porcelaines & de Morceaux les plus rares du Japon & de la Chine, provenant du feu Duc de BOUILLON; de Mannequins, grandes Glaces, & autres Objets, dont une partie provenant de feu M. LABORDE DE MÉRÉVILLE.

PAR J.-B.-P. LEBRUN, Peintre, Commissaire-Expert honoraire du Musée NAPOLÉON.

La Vente s'en fera le mercredi 22 Thermidor an 11, (correspondant au 10 Août,) & jours suivans.

L'EXPOSITION PUBLIQUE aura lieu les Samedi 18, Dimanche 19, Lundi 20 & Mardi 21 Thermidor, depuis 11 heures du Matin jusqu'à 3 heures de l'après midi, en la Salle rue de Cléry, N.° 96.

Ce Catalogue se distribue à PARIS, chez MM.rs LEBRUN, rue du Gros-Chenet, N°. 488, & BISET, Commissaire-Priseur, rue St ~~Croix de la Bretonnerie.~~ honoré N° 63

An XIme. de la République.

A V I S.

Nous avons été obligés, pour la commodité des étrangers, de prendre les grandeurs sur les anciennes mesures.

AVIS.

LA Collection que nous présentons au Public, annoncée depuis quelque temps, renferme des Productions des Trois Écoles, dignes du Musée Central des Arts, & des premières Galeries de l'Europe. Elle mérite, par conséquent, les Eloges que nous en avons faits. On y trouvera plusieurs Tableaux provenant du Cabinet du duc D'ORLÉANS, quelques autres apportés récemment d'Italie; & ceux enfin qui, indépendamment de la portion provenant de M. D'ORLÉANS, formoient la précieuse Collection de M. LABORDE MÉRÉVILLE.

Il suffit de citer des Chef-d'œuvres d'André del Sarto, du Guerchin, de Schidone, de Guido Cagnacci, de François Mola, de Locatelly, de Jean-Paul Panini, de Rubens, de Francisque Milet, d'Akkert & Vandenvelde, de Teniers, de le Sueur, & de Laurent de la Hire, pour être assuré du concours de tous les Amis des Arts.

A cette précieuse réunion de Tableaux,

nous ajouterons des Colonnes de Porphyre & des Bustes en Bronze antique, qui ont été admirés dans le Musée, des Emaux précieux du célèbre PETITOT, des Dessins, des Porcelaines rares & précieuses de Laque du vieux Japon, des Agathes, des Vases de Granit Oriental, des Bagues antiques & modernes, & beaucoup d'autres Objets distingués, qui nous paroissent devoir fixer l'attention des Amateurs.

CATALOGUE

DE TABLEAUX,

RARES ET PRÉCIEUX,

DES TROIS ÉCOLES;

Dessins, Marbres, Bronzes, Porcelaines rares, Laques du Japon, Agathes, Émaux de PETITOT, Vases, Futs de Colonne, & autres curiosités.

ÉCOLE D'ITALIE.

D'après RAPHAEL D'URBIN.

N.° 1.er LA Défaite de Maxence par Constantin, copie digne de l'original, qui se trouve peint à fresque sur un mur fort endommagé, qui ne peut exister long-temps, & auquel cette précieuse copie doit survivre. — Hauteur 40 pouces, largeur 96 pouces. T.

Elle vient de la Vente de notre Cabinet, faite en avril 1793, sous le N.° Ier.

F. ROMANELLY.

2. La Vierge couronnée dans le Ciel par la Trinité. — Haut. 8 pouc., larg. 6. C.

Jolie composition, d'une couleur brillante & légère.

PH. LAURI.

3. Des Moissonneurs, composition de six figures, dont une Femme tenant un Enfant endormi. — Haut. 10 pouc. 5 larg. 8. T.

Tableau agréable & d'un bon effet.

PIERRE LOCATELLI.

4. Un Paysage très-agréable, orné de Ruines, d'Architecture & de la Vue du Colysée. Sur le devant, près de quelques Rochers, on voit un groupe de quatre Pâtres environnés de Bestiaux. Sur la droite, est un Troupeau précédé du Berger. — Haut. 21 pouc. 6 lig., larg. 26 pouc. T.

Ce Tableau, l'un des plus précieux & des plus beaux que nous ayons jamais vus de cet habile maître, a été vendu à la Vente de la Collection de M. le Prince de Conti, sous le N.° 39; & à celle du Duc de Chabot, sous le N.° 9.

JEAN-PAUL PANINI.

5. Deux Tableaux faisant pendant.

Le premier représente le Portique de la Rotonde, l'Arc de Septime Sévère, le Temple d'Antonin & & Faustine, celui de Minerva Médis, celui de la Fortune virile, des restes de ceux de Jupiter Capitolin & du Soleil, une partie du Forum Nerva & du Portique d'Octavie; on voit aussi la Statue de Marc-Aurèle, celle de l'Hercule Farnèse, un Obélisque, un Sphynx égyptien, & une partie de la Colonne trajanne. Différens groupes de Figures éparses sur des débris de corniches & de bas-reliefs en ornent les devans.

L'autre, offre les restes des Temples de Jupiter

Stator, de la Concorde & de la Paix, & de la Sybille Tiburtine. On y voit encore l'Arc de Conſtantin, celui de Janus, la Pyramide Sextine, le Tombeau de Bacchus, le Torſe antique, un des Sphynx du Capitole, le Vaſe de la ville Borghèſe, le Piédeſtal de la Colonne trajanne. Différentes Statues, Bas-reliefs, & autres débris ornent le devant du Tableau, qui eſt enrichi de Figures analogues au ſujet.

Ces deux Tableaux ſont du meilleur temps de ce maître, & de la compoſition la plus riche. Une touche ſpirituelle & une couleur ſéduiſante les rendent dignes des premiers Cabinets. Ils viennent de l'Angleterre où ils ont été gravés. — Hauteur 36 pouc., larg. 48. T.

Ils ont été vendus ſous le N.° 18, à la Vente du Cabinet de M. de Calonne, au mois d'avril 1788.

PAR LE MÊME.

6. Des Ruines de nombre de monumens d'Italie. Sur le devant, un des Vaſes dits de Médicis. Plus loin, la Fontaine de Campo Vaccino, les Ruines du Temple conſacré à Antonin & à Fauſtine, le Colyſée, un Arc de Triomphe, & autres monumens. — Haut. 50 pouc., larg. 41. T.

Tableau d'un beau ton de couleur, & d'une touche ferme & empâtée.

FRA BARTHOLOMÆO.

7. Deux Saintes, vues preſque à mi-corps. Sur le premier plan, l'une tient un Vaſe de ſes deux mains; elle eſt vue de profil, la tête & les épaules couvertes d'un voile tranſparent, qui laiſſe apercevoir ſa Robe de couleur verte. Derrière elle, l'autre Sainte ajuſtée dans le coſtume de Sainte Thérèſe, ſemble l'entretenir de l'offrande pieuſe qu'elle va préſenter. — Haut. 22 pouces, larg. 17 B.

Ce Tableau eſt d'un pinceau moëlleux, d'une couleur fraîche, & d'une harmonie douce. Ces beautés lui donnent un mérite d'autant plus grand, que plusieurs de ses autres productions ne sont pas exemptes de sécheresse.

Les Ouvrages de Bartholomæo sont extrêmement rares, surtout en France.

ANDRÉ DEL SARTO.

8. Une Sainte Famille, figures de grandeur naturelle. La Vierge est assise très-bas, & tient sur elle l'Enfant-Jésus. Sur la gauche, Saint-Joseph vu de face, est appuyé sur un socle de pierre. — Haut. 51 po., larg. 38. B.

Ce Tableau capital & du plus beau faire d'André del Salto, se trouve répété & placé dans la plus belle Collection particulière que nous ayons présentement en France, mais plusieurs changemens doivent rassurer les Amateurs qui pourroient concevoir des doutes sur l'originalité de celui-ci; peut-être même conserve-t-il quelque avantage sur celui dont nous venons de parler, en ce que la fraîcheur de ses teintes & l'argentin de son fond, sont des signes caractéristiques & jamais trompeurs de la priorité; tandis que les Tableaux qu'on répète sont dans un ton plus vigoureux; or, cette vigueur de ton se fait remarquer dans la répétition de l'Ouvrage dont nous sommes en possession. Nous nous croyons donc fondés à le présenter aux Amateurs comme celui des deux qui est sorti le premier du pinceau savant d'André del Sarto, & nous les invitons à l'étudier comme un chef-d'œuvre dont le dessin est d'un très-grand caractère; il est d'une conservation admirable.

TITIEN.

9. Andromède vue de face & debout, les bras attachés derrière le dos, à un rocher sur lequel elle se détache. Cette figure porte 10 pouces & demi de proportion. — Haut. 10 pouces 9 lig.; largeur 5 p. B.

Ce Tableau fin & précieux offre une couleur fraîche & brillante, un pinceau fion & une harmonie séduisants. Il a été exécuté dans la force de cet habile maître, & est du nombre de ceux qu'on trouve rarement; sa conservation est parfaite.

ALEXANDRE VERONESE.

10. La Sainte Famille composée de la Vierge, Sainte Anne, l'Enfant-Jésus & de Saint Jean. — Il est de forme ronde, diamètre pouces. B.

Ce joli Tableau est des plus fins & des plus précieux connus.

PAR LE MÊME.

11. Apollon sur la terre, se disposant à jouer de la lyre. Il est vu debout, à demi-nud, & vétu d'une draperie orange & nacarat. — Haut. 26 pouc. & demi, larg. 21 pouc. 3 lignes. T.

Tableau d'une belle couleur, & d'un effet piquant.

École DU PALME.

12. Deux jeunes Amours assis sur une pelouse de verdure, vus presqu'en face. Au milieu d'eux, est une feuille de musique où celui qui est sur la gauche regarde en jouant de la flûte, tandis que l'autre l'accompagne du tambour de basque. — Haut. 2 pouc. & demi, larg. 4 pouc. 2 lignes. B.

Ce vrai & fin Tableau est de forme ovale, en travers. Il est dans une bordure de bronze doré, d'or mat.

ANNIBAL CARRACHE.

13. Un Tableau représentant l'*Ecce Homo*, composition de cinq figures, vues à mi-corps, le Christ dans le milieu du Tableau, la tête tournée de profil & penchée vers l'épaule droite, ayant le regard baissé. Auprès de lui, Joseph d'Arimathie, la main en avant, & semblant dire : Voilà le Fils de Dieu. A droite, & dans le bas du Tableau, on voit un homme qui le regarde attentivement. Le fond est

occupé par les deux autres figures, dont l'une est casquée. — Haut. 7 pouc. 9 lignes, largeur 6 po. 3 lig. B.

Ce Tableau précieux offre toutes les beautés de la grande École de Bologne, par un caractère de dessin du plus grand goût, & une vigueur de couleur qui soutiendroit le parallèle avec l'École Vénitienne. Nous le regardons comme un chef-d'œuvre d'Annibal. Il est d'une conservation parfaite. Il nous paroît certain qu'il a été fait dans le temps du Saint Mathieu, que l'on admire dans le Muséum.

Il est encadré dans une bordure richement ciselée & dorée au mat, qui répond à son importance.

SCHIDONE.

14. L'Adoration des Bergers, riche composition de dix figures. Il paroît par le Tableau, qui tire toute sa lumière de l'Enfant-Jésus, que Schidone a cherché à se rapprocher de la manière du Corrège, son maître. L'entente du clair obscur est admirable dans cette composition, le dessin est fini & correct; en un mot ce Tableau est de la plus grande curiosité. Sa conservation est parfaite. Il vient tout récemment de Naples. — Haut. 25 pouc. & demi, larg. 21. C.

PAR LE MÊME.

15. Une Sainte Famille : figures vues à mi-corps. La Vierge est placée derrière l'Enfant Jésus, qu'on voit assis sur un coussin posé sur un appui de pierre. A gauche est le petit S.t-Jean, & sur la droite, S.t-Joseph. — Hauteur, 13 pouces, largeur 10 pouc. & demi. B.

Tout le monde connoît la rareté des ouvrages de ce maître, qui s'est attaché à rendre dans ses compositions, la vigueur, la force & l'harmonie des bonnes productions du Corrége, son maître.

Celui-ci est bien conservé.

GAUFREDI.

15 *bis.* Un Paysage. Sur le devant, une Jettée ou Chemin que l'on rajuste, près d'un Etang, avec des branchages d'arbres. Plus loin, un Côteau élevé, où l'on voit diverses petites Figures & des Bestiaux. Fin Tableau ; un des meilleurs que l'on puisse trouver de cet artiste. — Hauteur, 8 pouces, largeur, 10 pouces. C.

GUIDO RENI.

16. Saint-Pierre, les mains jointes, & le regard élevé vers le Ciel. Figure de grandeur naturelle, vue en buste. — Hauteur 24 pouces, larg. 19. T.

Cette belle étude, quoiqu'elle n'offre pas toute la vigueur & la fermeté connue du Guide qui la produisit, lorsque sa main, affoiblie par l'âge, ne pouvoit plus seconder le feu de son génie, n'en est pas moins un ouvrage recommandable.

GUIDO CAGNACCI, *élève du* GUIDE.

17. La Magdelaine évanouie après s'être disciplinée. Figure d'une proportion de 3 quarts de nature. Ses cuisses sont couvertes d'une draperie bleue, & auprès d'elle se voient les instrumens de sa pénitence. — Hauteur 38 pouces & demi, larg. 50. T.

Ce Tableau faisoit partie de la précieuse collection du duc d'Orléans. Il était passé en Angleterre, d'où nous l'avons rapporté. Les amateurs savent combien les ouvrages de Cagnacci sont rares.

ELISABETH SIRANI.

18. Sainte-Catherine, les bras croisés, la tête penchée, & tenant la palme du Martyre. Ce Tableau a long-temps été attribué au Guide. — Hauteur 34 pouces, largeur 27. T.

DOMINIQUE ZAMPIERRI, *dit* LE DOMINIQUIN.

19. Saint-Etienne hors des murs de la ville, renversé

par terre, & vêtu d'un habit pontifical, le regard tourné vers le ciel, tandis que plusieurs hommes s'apprêtent à le lapider. A gauche & sur le devant du Tableau, un Guerrier assis semble présider à cette exécution. Dans le haut, on voit Jésus-Christ & le Père Eternel qui lui apparoissent.

Cette production, où l'on compte 17 figures, est une de celles dont la rareté & le mérite réel concourent à attirer les regards des amateurs de la belle peinture. Une composition simple, des expressions sublimes lui assurent un des premiers rangs dans les plus belles collections de l'Europe. — Hauteur, 23 pouces, larg. 18. T.

Ce Tableau a été acheté à la vente de notre Cabinet, faite le 11 avril 1791, sous le n.° 8.

LANFRANC.

20. Judith mettant dans un sac que tient sa suivante, la tête d'Holopherne qu'elle vient de couper. Figures de grandeur naturelle, vues à mi-corps. Judith a la tête tournée par-dessus l'épaule, regardant si on ne l'a pas apperçue. — Hauteur 36 pouces, largeur 45. T.

Il est rare de trouver un tableau aussi distingué de ce maître, puisqu'il peut soutenir le parallèle avec les plus beaux Dominiquins.

J. BARBIERI, *dit* LE GUERCHIN.

21. Loth & ses Filles, de proportion naturelle. Sur le premier plan, Loth est assis, vû de profil & à demi couvert d'une Draperie violette. Il boit dans une coupe; pendant qu'une de ses filles, placée sur la droite, & un genou en terre, lui verse du vin d'une bouteille garnie d'osier, qu'elle se dispose à laisser pour en prendre une autre. Elle est coëffée en cheveux, & à demi enveloppée d'une draperie rouge. Sa Sœur, vêtue en chemise, la tête couverte d'un Turban, & les cheveux épars, appuyée sur des vêtemens, occupe la gauche du Tableau, &

regarde son pere. Dans le fond on voit la femme de Loth changée en statue, & la ville de Sodome en feu.

Il existe peu de Tableaux de ce grand maître à Paris, & nous pouvons assurer qu'il n'y en a pas un plus capital & plus beau dans les premières collections de l'Europe. Celui-ci est venu d'Italie pour M. de Louvois. — Hauteur 61 pouces, largeur 80 pouces. T.

Il a été vendu pour le prix de 8,005f, sous le n.° 1, dans la vente faite en novembre 1787, du cabinet de M. de Vaudreuil.

PAR LE MÊME.

22. Herminie raçontant ses aventures au Vieillard qu'elle rencontre, occupé à tresser un panier de jonc. Figures de grandeur naturelle. A gauche, le Vieillard est assis à terre, les jambes étendues; son corps est nud, à l'exception de la ceinture, qui est couverte d'une Draperie. Sa tête coeffée de cheveux gris & couverte d'un bonnet, a le regard levé vers Herminie, que l'on voit à droite, revêtue d'une Armure guerrière, le col seul & les bras nus; elle est assise à terre, & dans l'attitude de quelqu'un qui parle avec action. Son bras droit passé devant elle, s'appuie sur un bouclier qui est à sa gauche. Le fond est un Paysage.

Ce Tableau, d'un dessin vrai, a la force du coloris, & la vigueur du pinceau des plus beaux ouvrages de ce maître. — Hauteur 4 pieds 7 pouces, largeur 5 pieds 7 pouces.

Ce Tableau vient de la vente de M. de Vaudreuil faite en novembre 1787, il a été vendu pour le prix de 3,070f. Il se trouve au Catalogue, sous le n.° 2.

PIERRE-FRANÇOIS MOLA.

23. Deux des plus fins & des plus précieux Tableaux de ce maître. L'un représente le Repos en Egypte, & l'autre le Songe de S.-Joseph. Ils ont été regardés

comme les deux plus parfaits de ce maître. Ils ornoient le cabinet de M. de Boiſſet, à la vente duquel ils ont été vendus ſous le n.° — Hauteur pouc. largeur C.

P A R L E M Ê M E.

24. Saint-Jean, figure de grandeur naturelle, & vu à mi-corps. Son agneau vient à lui pour le careſſer. Tableau d'une grande vérité, plein de fineſſe, & d'une belle exécution. — Hauteur 3 pieds 4 pouc. largeur 33 pouces. T.

Attribué à S A L V A T O R R O S A.

25. La Vue d'un Chantier de conſtruction pour des navires, placé près d'une ancienne Ruine. Pluſieurs figures & des beſtiaux ſont placés ſur différens plans. On y voit encore une grande étendue d'eau, des vaiſſeaux & des côtes de rochers. — Hauteur 26 po. largeur 50. T.

Une touche brillante & facile diſtingue cette production.

E T. B A R T. M U R I L L O.

26. Le Chriſt agenouillé, ſe traînant vers ſes vêtemens, après ſa flagellation. Près de lui eſt le poteau où il fut attaché. Deux anges debout, le regard reſpectueuſement attaché ſur lui, l'un ayant les mains jointes, déplorent les ſouffrances que le Sauveur a éprouvées. — Hauteur 41 pouc. largeur 54. T.

Ce ſujet, déjà pénible par lui-même, le devient encore plus par la manière admirable dont l'artiſte l'a traité. Il ſemble s'être ſurpaſſé pour arriver à une illuſion complète. On ſait combien les productions de Murillo ſont rares & belles. Celle-ci doit offrir le plus grand intérêt pour ceux qui ne ſont touchés que de la perfection où l'art peut être porté.

SOLIMÈNE.

28. Dalila coupant les cheveux à Samson. Belle composition de 4 figures à mi-corps, & de grandeur naturelle, d'un beau caractère & d'une touche hardie. — Hauteur 36 pouces, largeur 48. T.

LE CHEVALIER LIBERI.

29. L'Innocence figurée par une femme qui tient sur ses genoux un agneau qu'elle caresse, & 2 Enfans nuds. — Hauteur 34 pouces & demi, largeur 41 pouces. B.

Ce Tableau est d'un caractère grand, noble & gracieux, & d'un faire particulier à ce maître, dont les ouvrages sont très-rares. Celui-ci mérite d'être recherché par les Amateurs.

PH. NAPOLITAIN.

30. Une Bataille, touchée avec esprit & du ton argentin qu'on admire dans Salvator Rosa. — Hauteur 11 pouces, largeur 15 & demi. C.

PELLEGRINY.

31. Deux Tableaux faisant pendant. L'un représente Achille à la cour de Lycomède, composition de 4 figures; l'autre, Rachel à qui l'on apporte les présens de noces. Figures de grandeur naturelle, vues à mi-corps. — Hauteur 46 pouces, larg. 36. T.

TEMPESTE.

32. Un riche Paysage coupé de rochers & de torrens. Sur le devant 4 figures de pêcheurs & une femme. Divers bestiaux & des oiseaux enrichissent ce Tableau, l'un des plus beaux & des plus capitaux que l'on connoisse de ce maître. — Hauteur 3 pieds & demi, largeur 5 pieds 5 pouces. T.

ECOLES FLAMANDE, HOLLANDAISE ET ALLEMANDE.

ALBERT DURER.

33. La Fuite en Égypte : La Vierge est montée sur un âne que S.t Joseph conduit par la bride ; en avant est un bœuf. Le fond se termine par un paysage. — Hauteur 12 pouces 9 lignes, largeur 10 pouces 6 lignes. B.

Ce Tableau, bien conservé & d'une couleur forte, a été gravé par l'auteur lui-même.

LUCAS DE LEYDEN.

34. L'Adoration des Rois : Riche composition de vingt-quatre figures. — Hauteur 33 pouces, largeur 48.

Ce Tableau est formé de trois parties ; du milieu qui est le principal morceau, & des deux volets qui le recouvroient. Du reste, sa conservation est assez bonne.

J. HOLBEEN.

35. Un Prêtre vu de trois quarts, debout, les mains jointes, portant les cheveux plats, vêtu d'un surplis blanc, par dessous lequel on voit un habit noir fourré de martre. Le fond est orné de colonnes de marbre varié, &c. — Hauteur 38 pouces, largeur 33. B.

On voit difficilement des Tableaux où l'imitation de la nature soit portée à un aussi haut degré de perfection.

P. BRIL

P. BRIL & J. ROTTHENAMER.

36. Un Repos en Égypte : Très-fin Tableau que l'on trouve gravé dans notre premier volume des peintres flamands, &c. Il vient de la belle collection du feu duc de Praslin, sous le n.° 74 de sa vente. — Haut.r 7 pouces 6 lignes, largeur 11 pouces. C.

PIERRE NÉEFS & BREUGHEL DE VELOURS.

37. Deux jolis Tableaux : L'un par P. Néefs, représente un intérieur d'Église vue de nuit ; l'autre, un intérieur d'Eglise éclairée de jour, avec figures peintes par Breughel. Ces deux Tableaux sont d'une couleur fine & d'une touche spirituelle. Ils ont été vendus dans la vente du duc de Choiseuil, sous le n.° 15. — Hauteur 3 pouces 6 lignes, largeur 4 pouces 6 lignes, de forme ovale en travers. C.

PIERRE NÉEFS. 1643.

38. La vue intérieure de la Cathédrale d'Anvers, où l'on voit vingt-quatre figures groupées & distribuées sur différens plans, peintes par *Sa[illegible]ers*. Un ton lumineux & argentin règne dans ce Tableau, un des plus beaux & des plus fins connus de ce maître. — Hauteur 13 pouces 3 lignes, largeur 19 pouces 6 lignes. B.

PAR LE MÊME.

39. La vue intérieure d'une Église d'Anvers, éclairée de jour, enrichie de dix-huit figures, peintes par *Franch*. Tableau capital, un des plus fins & des mieux conservés de P. *Néefs*. — Hauteur 15 pouces 6 lignes, largeur 20 pouces 6 lignes.

PAR LE MÊME.

40. La vue intérieure de vastes Souterrains gothiques. Le devant présente la Décolation de S.t Jean-Baptiste ; plus loin, Hérodiade accompagnée & suivie de divers personnages ; nombre d'autres figures, dans

différentes galeries éclairées par des flambeaux. Tableau très-fin & d'une belle harmonie. — Onze pouces en carré. B.

ART. VANDERNÉER.

41. Un Paysage : Chemins, fabriques & rivière, éclairés par le soleil se couchant derrière des maisons, ce qui produit un effet piquant & harmonieux. — Hauteur 11 pouces, largeur 17. T.

J. VAN-GOYEN.

42. La vue d'une vieille Tourelle & Murs de ville, bordés sur le devant par une rivière sur laquelle on voit différentes barques. Tableau touché avec esprit, & transparent comme le sont ordinairement ceux de ce peintre. — Hauteur 6 pouces 6 lignes, largeur 9 pouces. B.

GÉRARD TERBURG.

43. L'intérieur d'un Appartement, où l'on voit Jean de Wit, grand pensionnaire de Hollande, vêtu de noir & debout, tenant de la main droite son chapeau. Il est placé devant une table couverte d'un tapis violet & d'un livre fermé. Derrière lui une chaise, & dans le fond une carte géographique acrochée à la muraille, & une porte ouverte. — Hauteur 27 pouces 3 lig., largeur 22 pouces 9 lig. T.

On trouve dans cette composition l'harmonie & la vérité qui distinguent les ouvrages de ce maître, si recherchés pour les beaux cabinets.

PAR LE MÊME.

44. Un Homme vu la tête de trois quarts, couverte d'un chapeau noir. Il porte un rabat ; il tient de la main droite son manteau, & de la gauche sa cane. Tableau vrai & de ton harmonieux. — Hauteur 10 pouces 6 lignes, largeur 8 pouces 6 lignes. B.

ALBERT CUYP.

45. Un jeune Enfant vu debout jusqu'aux genoux ; il tient une espèce de pie morte, qu'il semble montrer de la main gauche. Sa tête est couverte d'un bonnet noir, orné de plumes blanches & bleues. La couleur chaude & brillante, l'éclat saillant de ce Tableau, & la vie qui semble l'animer, prouvent que le génie de cet habile maître étoit propre à tout. — Hauteur 25 pouces, largeur 18. B.

DAVID TENIERS.

46. Un Paysage où l'on voit sur la gauche une maison de paysan, d'où sort une femme portant un plat, qu'elle paroît apporter à un homme assis sur un banc, le coude appuyé sur un tonneau, & tenant sa pipe ; derrière cet homme, dont la tête est couverte d'un bonnet rouge, un autre paysan vu debout & par le dos, est placé près de la muraille. Plus à droite & sur le devant, se trouvent des poteries placées sur un billot, un chaudron & autres accessoires de ménage. Plus loin, & en plan coupé, on apperçoit un paysan qui traverse le chemin. — Haut.r 36 pouces, larg.r 69. T.

Ce Tableau, d'une harmonie & d'une force de couleurs assez rares, tient à l'harmonie de Rembrandt & à la touche hardie & moelleuse de Rubens ; c'est dire qu'il est du plus beau temps de Teniers, & qu'il est un de ceux qu'il s'est plu à exécuter avec soin.

PAR LE MÊME.

47. Un intérieur de Tabagie, ou corps-de-garde de singes, dans lequel on compte 24 figures formant plusieurs grouppes, sous différens habillemens militaires. Le grouppe principal est placé sur la gauche ; il offre un chat conduit par deux singes vêtus en soldats, qui le présentent à l'officier. — Hauteur 12 pouces, largeur 18 pouces & demi. B.

Ce rare & précieux Tableau se trouve gravé par

feu Wattelet ; il vient de la Collection Lollier, n.° 1.er de son Catalogue. Il est rare de trouver un Tableau dont la touche soit plus ferme & plus transparente, & la vigueur & l'harmonie portées à un tel degré de perfection.

PAR LE MÊME.

48. L'intérieur d'une Chambre, où l'on voit sur le devant une femme tenant un verre à la main, assise à côté d'un vieillard, qui a la main droite appuyée sur son épaule, & qui de la gauche tient un pot. Une vieille femme est placée à une croisée. — Haut.r 12 pouces, larg.r 9. B.

Ce Tableau, de ton argentin & d'une touche fine & précieuse, vient de la belle Collection de feu Blondel de Gagny, n.° 88 de son Catalogue. On en connoît l'Estampe, gravée par Lebas, sous le titre de *la Femme jalouse ;* il est de forme ovale. B.

PAR LE MÊME.

49. La vue intérieure d'un Corps-de-garde de singes ; sur la droite, un chat vêtu d'un habit rouge, qui vient d'être pris en maraude, est amené par deux soldats singes devant l'officier, qui, debout, écoute les dépositions. Dans le fond, à gauche, 5 autres singes jouent aux cartes devant une cheminée. — Haut.r 7 pouces 3 lig., larg.r 9 pouces. C.

Ce Tableau aimable, amusant, & du plus beau faire de cet habile maître, réunit un effet piquant & une touche fine & spirituelle, à une légèreté admirable.

D. TENIERS & VAN UDEN.

51. Un Paysage montueux, où l'on remarque à droite & sur le devant un paysan en repos. Plus loin, en plan coupé, deux autres s'occupent à la pêche ; à droite & dans le lointain, sont encore deux personnages vus debout. Un soleil chaud éclaire ce Tableau, qui est vigoureux & d'une riche couleur.

C'est un bel échantillon de ces deux habiles maîtres. — Haut.r 8 pouces 1/2, larg.r 11 pouces 1/2. B.

P. P. RUBENS.

52. S.-Denis portant sa tête; cette composition capitale, & du plus beau faire de ce maître, est un de ses morceaux d'étude de premier ordre. Il vient de la vente d'Orion, faite à Bruxelles.

PAR LE MÊME.

53. Vertumne & Pomone, figures de grandeur naturelle; Pomone est assise & vue par le dos; sa tête est en profil; elle écoute Vertumne, qui a pris la figure & le déguisement d'une vieille. Des fruits groupés sur le devant, un fond de paysage & de jardin, & une fontaine près de laquelle sont assis Vertumne & Pomone, terminent la composition. — Haut.r 4 pieds 3 pouces, larg.r 5 pieds 5 pouces & demi. T.

La rareté des ouvrages de ce grand maître, & le grand nombre de ses élèves, qui ont peint dans sa manière, font souvent douter de la vérité des tableaux donnés sous son nom; mais nous osons nous flatter que les amateurs exercés, que ceux qui ont étudié avec fruit le style de Rubens, le retrouveront facilement dans cette production, que nous n'hésitons pas à présenter comme un de ses beaux ouvrages. Elle a fait long-temps l'ornement du cabinet du chevalier d'Aigremon, qui l'avoit achetée pour une somme considérable.

École de RUBENS.

54. Méléagre à la chasse du sanglier de Calydon; riche composition de 11 figures, d'une bonne couleur & d'un faire transparent. — Haut.r 25 pouces, largeur 35. B.

Ecole de VANDICK.

55. Le Christ au tombeau, composition capitale de

plusieurs figures. Le même se trouve dans la Galerie de Dusseldorff.

*Ecole d'*ANT. VANDICK.

56. L'Amour, étude d'après le Tabeau de Vénus qui commande des armes à Vulcain.

MARTIN DE VOS.

57. Le Christ au tombeau, composition de 8 figures; les saintes femmes sont occupées à laver ses plaies, tandis qu'on prépare son cercueil. Sur la droite, Joseph d'Arimathie tient en main la couronne d'épines; dans le fond, & à la lueur de flambeaux, on voit deux hommes occupés à lever la pierre. — Hauteur 12 pouces 3 lignes, largeur 15 pouces 3 lignes. B.

Ce Tableau, vrai chef-d'œuvre sous les rapports de l'effet, de la couleur & de l'harmonie, réunit encore le caractère & le pinceau fin & délicat des plus beaux ouvrages de Van-Mool, à qui on l'a faussement attribué.

PIERRE GYZEN.

58. La vue d'un grand Chemin couvert de cavaliers & de charriots; à droite & sur une élévation, un moulin; dans le fond, une étendue de pays à perte de vue. — Haut.[r] 10 pouces, larg.[t] 13. C.

Ce Tableau, d'une très-grande finesse, a passé dans plusieurs Collections, pour un des plus beaux de Jean Breughel.

H. GOLTZIUS.

59. Une Femme vue à mi-corps, tenant un chien épagneul; elle a la gorge couverte d'un fichu & d'une fraise, & est vêtue d'un habillement noir à manches jaunes brodées en argent. — Hauteur 24 pouces, largeur 18. B.

J. VANDER-HEYDEN & ADRIEN VANDENVELDE.

60. La vûe d'un ancien Château, dont la porte est décorée de colonnes en pierre ; le reste des bâtimens est en briques, avec crénaux au haut des murailles. On voit sur une pelouse 16 figures, parmi lesquelles une femme tenant un enfant par une main, & ayant dans l'autre une volaille. A gauche, un grand arbre s'élève & se détache sur un ciel frais & brillant. — Haut.[t] 12 pouces 3 lignes, larg.[r] 14 pouces 3 lig. B.

La douce tranquillité de la campagne règne dans ce charmant Tableau, orné des détails les plus précieux.

JEAN-BAPTISTE WÉENINX.

61. La Vue d'un Port. Sur le devant est un Bac où une Femme, vêtue en satin jaune, chante & joue de la guittare, appuyée sur un Homme qui tient une coupe pleine de vin. Près d'eux, un jeune Homme joue du flageolet. Sur le bord du Bac & en devant, un Homme cuirassé fait faire de l'eau à un Enfant. Près de lui on voit un âne, un cheval, & un peu plus loin leur conducteur ; un cygne placé sur le devant termine le premier plan. La gauche offre un grand escalier conduisant à une porte de ville où l'on voit un arménien & 4 ou 5 personnages faisant des ballots. Plus loin & derrière une forte tour, on aperçoit plusieurs vaisseaux dans le port & nombre de petites figures sur une jetée en bois. — Hauteur, 27 pouces, larg. 22. T. collée sur B.

Ce Tableau, d'une composition capitale, d'une couleur vive & piquante, est rempli de détails admirables. Les Karel-Dujardin, les Vandenvelde & les Berchem n'ont rien produit de plus vrai & de plus précieux.

NICOLAS BERCHEM.

63. Un Paysage, orné de fabriques, montagnes, masses

d'arbres & rivières. Sur le devant, une femme montée sur un mulet à l'attirail duquel un pâtre, qui a les jambes dans l'eau, raccommode quelque chose. Derrière lui, un âne, une vache blanche, un mouton; & plus loin, un pâtre & son chien. Sur le devant, un chien & une chêvre. — Haut. 13 p.ces & demi, larg. 18 p.ces B.

Ce Tableau, fait en 1655, dans la plus grande force de cet habile maître, ne nous laisse aucun doute sur l'empressement des amateurs.

PAR LE MÊME.

64. Deux Tableaux.

Dans l'un, une femme montée sur un âne, parlant à un pâtre éclairé en demi-teinte sous une voûte de rochers. Sur le devant, une vache jaune, une blanche & un mouton. Dans le fond, des rochers élevés & un soleil couchant qui éclaire un pâtre par le dos.

Dans l'autre, un Paysage où l'on voit un berger en repos, deux vaches dont une rousse, une chêvre & un chien. — Haut. 11 p.ces 9 lignes, largeur 9 p.ces B.

Une touche ferme & facile distingue ces deux agréables compositions.

PAR LE MÊME.

65. Un Paysage. Sur le devant, un pâtre & une femme portant un enfant sur son dos, qui conduisent un troupeau de bestiaux qui traverse un gué. De l'autre côté, deux autres pâtres qui conduisent encore des bestiaux. Des lointains lumineux & des arbres d'une touche légère & facile contribuent au mérite de ce tableau. — Haut. 13 p.ces, larg. 14. B.

J. RUYSDAAL.

66. La Vue intérieure d'une Forêt coupée & traversée d'un angle à l'autre par une rivière. On voit un chasseur sur la gauche. La droite est éclairée par

un ſoleil couchant. Le feuillé varié des arbres & la touche fine & ſpirituelle ne laiſſent rien à deſirer dans ce ſavant tableau, qui eſt du plus beau faire de *Ruiſdaal.* — Haut. 27 p.ces & demi, larg. 33. T.

VAN-MOOL.

67. La Madelaine renonçant aux vanités humaines. Elle eſt richement habillée, aſſiſe, le viſage appuyé ſur ſa main droite, & le bras poſé ſur le coffre qui renfermoit ſes joyaux que l'on voit épars ſur une table couverte d'une étoffe cramoiſie. Un livre de muſique, ouvert, eſt ſur cette table, & au bas un inſtrument poſé ſur des livres. A ſa droite, un rideau retrouſſé par des cordons ornés de glands à frange, forme le fond de ce ſuperbe tableau. — Haut. 62 p.ces, larg. 44. T.

PAR LE MÊME.

68. Le Chriſt, de grandeur naturelle, vu à mi-corps, la main gauche en avant ſur ſa poitrine, & ſoutenant ſur ſon bras une partie de ſon manteau de couleur bleue.

Cet ouvrage eſt un des plus beaux de Van-Mool, dont le nom ſeul eſt un éloge.

GUILLAUME WANDENVELDE.

69. Une Mer calme. Sur le devant, deux bateaux de pêcheurs. Six autres petits ou barques ſur différens plans. — Haut. 12 p.ces, larg. 15. Toile collée ſur bois.

PAR LE MÊME.

70. Une étendue de mer dans les environs d'Amſterdam. Tableau fait au premier coup avec la fermeté & l'eſprit communs à ce maître. — Haut. 8 p.ces, larg. 12. B.

ADRIEN VANDENVELDE.

71. Une Prairie. Deux bœufs ſur le devant. Un

troisième sur le plan coupé à droite. Un lointain & quelques animaux à gauche. Cette belle étude ne jouit malheureusement pas de toute sa conservation. — Haut. 12 p.ces, larg. 15. B.

ISAAC VAN-OSTADE.

72. La Vue d'une Étable à Porcs. On y en voit trois, dont un est accroupi près d'un tonneau. Un homme, vu par le dos, prépare leur nourriture. Il seroit difficile de trouver un tableau où le goût, l'éclat brillant du soleil, la finesse & la transparence des tons soient portés à un plus haut dégré de perfection. Aussi doit on regarder celui-ci comme une des plus fines productions de cet habile maître. — Haut. 13 p.ces, larg. 12. B.

JEAN HAKKERT & ADRIEN VANDENVELDE.

73. Un vaste & magnifique Paysage où l'on voit une partie des montagnes de Gênes dont la chaîne est coupée par des arbres qui s'élèvent au milieu du Tableau. Au pied de ces montagnes, coule une rivière où se fait remarquer une barque de pêcheurs occupés à tirer leurs filets. A gauche & sur le devant, un grand chemin dont une portion est en demi-teinte, est occupé par un voyageur en repos, un chien, deux mulets & leur conducteur. Plus loin & dans le foyer de lumière, un homme & une femme montés sur un cheval blanc, sont en marche pour la chasse. Ils sont précédés de deux palfreniers qui tiennent deux chiens en lesse, & suivis de 7 à 8 chiens & de 3 valets dont un porte les faucons. Sur un plan plus élevé, une allée de peupliers conduit à différentes fabriques situées à mi-côte & traversant un chemin où l'on voit un pâtre conduisant un troupeau de 7 à 8 bestiaux. — Haut. 49 p.ces, larg. 65. T.

Ces peintres ne nous avoient été connus jusqu'à ce jour que par de petits tableaux, très-précieux à la vérité, mais nous ignorions qu'ils eussent produit un ouvrage aussi capital & aussi parfait. Il nous semble que les paysages de Both, de Ruisdaël & de Cuyp, n'offrent rien de plus admirable.

J W I N A N T S.

74. Un Paysage où l'on voit sur la droite trois arbres qui occupent le premier plan. L'un est brisé & renversé, & les deux autres s'élèvent dans le milieu & jusqu'au haut du Tableau, des montagnes, des bâtimens, & des masses d'arbres dont une rivière baigne le pied, terminent cette composition. — Haut. 16 pouc. & demi, larg. 22 & demi.

F R A N C I S Q U E   M I L E.

76. Un Paysage de style agreste, & d'une composition élevée, représentant un beau Site de la Thessalie. Dans le milieu du Tableau & sur un chemin, Mercure qui a acheté la discrétion de Battus, témoin du vol qu'il a fait des troupeaux d'Apollon, se présente à lui sous une autre forme pour l'éprouver. Mercure est debout. Le Berger, vu assis, lui indique de la main gauche le lieu où les troupeaux ont été cachés. Sur le même plan, un Ruisseau traverse des prairies émaillées de fleurs, où paissent des brebis. La gauche du tableau offre plusieurs beaux arbres groupés & élevés, au travers desquels on découvre une ville. La droite & tout le premier plan sont aussi groupés d'arbres variés, tels qu'orangers, chênes & autres plants élevés qui se prolongent presque jusques au milieu du Tableau. Une partie principale du fond est occupée par un rocher formant chaîne de montagnes, & plus loin on voit la sommité d'une autre roche qui se perd dans les nuages. Le ciel est frais & brillant. — Hauteur 42 pouces, largeur 64. T.

Ce Tableau est d'une beauté si extraordinaire, qu'il a été pris par les hommes les plus exercés pour un chef-d'œuvre de Nicolas Poussin. Nous observerons à ce sujet, qu'il est bien rare de trouver dans les compositions des peintres de l'Ecole Flamande, la sublimité qui distingue celles du Poussin, & que les compositions du Poussin n'ont pas ordinairement l'harmonie & la finesse propres aux peintres flamands.

Le public à qui nous offrons ce Tableau vraiment extraordinaire, sera sans doute d'accord avec nous sur le mérite des éloges que nous lui avons donnés dans notre Ouvrage des Peintres flamands & hollandais. Nous pouvons assurer qu'il n'existe nulle part une production de ce grand maître qui égale celle-ci en beauté, & nous pensons qu'il seroit utile aux arts que l'acquisition en fût faite par le Musée central, où les ouvrages de Mile manquent entièrement.

Attribué au même.

77. Un Paysage orné d'arbres, de rochers & de torrens. Tableau d'une belle couleur & d'un faire facile. — Hauteur 4 pieds, largeur 5. T.

J. BOTH, *dit* BOTH D'ITALIE.

78. Un Paysage où l'on voit les sommités de plusieurs montagnes éclairées par un soleil couchant. Sur la droite 3 muletiers. Plus loin quelques fabriques & chutes d'eau. Sur la gauche, deux arbres qui s'élèvent presque du bas jusqu'au haut du tableau. Cette composition est du meilleur temps de ce maître. — Hauteur 23 pouces, largeur 19 & demi. T.

PHILIPPE DE CHAMPAGNE.

79. Le Portrait d'un homme de lettres du temps de cet habile maître. Il porte les cheveux tombant sur les épaules, & des moustaches à la Louis XIII. Sa tête est tournée de 3 quarts, & il regarde le spectateur. Il est vêtu de noir. Sa main gauche est appuyée sur un livre. — Hauteur 28 pouces, largeur 20 pouces. T.

JEAN LE DUC.

80. L'Intérieur d'un Corps de garde enrichi de 16

figures, dont six de femmes. Le milieu offre un officier qui fume, tandis qu'une femme, debout derrière lui, appuie sa main sur son épaule. Les autres jouent auprès d'une table. — Hauteur 12 pouces, largeur 15 & demi. B.

Ce Tableau d'un ton fin & brillant, est un des plus beaux connus de ce maître.

Lambert Zustrus.

81. L'Enlèvement de Proserpine, composition de 3 figures. Tableau très-rare venant de la collection du duc d'Orléans, dans le recueil de laquelle il se trouve gravé par Delignon. Le feu roi n'en possédoit que deux dans sa collection.

Zustrus fut un bon élève du Titien, dont il a suivi de près la manière au point que plusieurs de ses ouvrages ont été attribués à ce grand maître.

G. Schalcken.

82. Une belle Femme vue debout, venant puiser de l'eau à une fontaine, représentée par un Triton & une Naïade; elle est vue de trois quarts, tenant de la main droite une coquille de pélerin, dans laquelle elle reçoit l'eau, tandis que de la main gauche elle retrousse la manche de sa chemise; elle elle est coîffée en cheveux, son cou est orné d'un collier, & ses oreilles de boucles en perles; elle est vêtue d'un juste-au-corps noir, d'une jupe de satin blanc, & d'un léger voile. Le fond est occupé par un rideau vert & une vue de paysage. — Haut.r 15 pouces & demi, larg.r 12 pouces. C.

Ce Tableau doit être regardé comme fait dans la plus grande force de cet habile maître.

L. D. Backhuisen.

83. Une Mer calme; à droite, sur le galet, un matelot debout, & une femme qui ramasse des crevettes; sur la gauche, une barque de pêcheurs

où l'on compte trois hommes ; & dans le lointain, sept ou huit vaisseaux. Un joli ciel & un ton argentin donnent du charme à ce Tableau, qui n'est que tapé. — Haut.r 10 pouces, larg.r 13. T.

VAN-ROMEYN.

84. La vue d'une Prairie, où l'on compte cinq animaux & quelques plantes, & dans le fond un pâtre & une femme. Tableau clair & de ton argentin. — Hauteur 13 pouces & demi, largeur 11 pouces & demi. B.

BARTH. VANDER-ELST.

85. Le Portrait d'un homme vu de trois quarts, portant moustaches avec rabat, vêtu d'un habit noir, & le bras droit appuyé sur le dos d'une chaise. — Haut.r 27 pouces, larg.r 22. T.

Cette admirable production est d'une vérité frappante, & son excellente exécution, jointe à la rareté des ouvrages de ce peintre, lui assure une place dans les plus beaux cabinets.

PAR LE MÊME.

86. Un Homme vu en buste & de trois quarts, portant moustaches & barbiche, vêtu d'un habit noir, & le cou orné d'une fraise blanche. — Haut.r 16 pouces & demi, larg.r 13 pouces. T.

Annoncer un ouvrage véritable de Vander-Elst, c'est annoncer un chef-d'œuvre, aussi celui-ci est-il digne de ce nom, par le dessin, la couleur & la facilité de sa touche.

JEAN MIEL.

87. Un Tableau capital & de la plus belle qualité, qui ornoit la Collection du duc d'Orléans, & que l'on trouve gravé parmi ceux de ce cabinet qui l'ont été ; il représente sur la droite différens pâtres jouant aux boules, & sur la gauche une femme qui tient un verre de vin, & regarde deux hommes qui pa-

roissent jouer à pair ou non ; le fond est occupé par une ruine d'Italie. — Haut.[r] 18 pouces 3 lig., larg.[r] 24 pouces 9 lig.

J. DEWITTE.

88. La vue intérieure d'une Eglise protestante ; dans un coin à gauche, deux jeunes garçons se battent, d'autres auprès d'eux les regardent. Plusieurs rayons de soleil, qui viennent frapper sur les colonnes, sont rendus avec la vérité & l'illusion familières à cet habile peintre. — Haut.[r] 22 pouces & demi, larg.[r] 19. B.

FRÉDÉRIC MOUCHERON.

89. Un très-beau Paysage, éclairé par un soleil couchant : Il est traversé par une grande route sur le devant de laquelle on remarque un pâtre & une femme montée sur un âne, conduisant plusieurs bestiaux ; plus loin, on voit encore plusieurs figures & bestiaux. Ce tableau, d'une touche délicate & spirituelle, est aussi d'une harmonie & d'un effet piquant.

J. ASSELYN.

90. Une Voûte formée par des rochers élevés, servant de retraite à des bandits que l'on voit dépouiller les passans sur le grand chemin. Des armes, des cuirasses, des drapeaux & des chevaux enrichissent les différentes parties de ce Tableau d'un ton clair & brillant. — Hauteur 26 pouces 9 lignes, largeur 24 pouces. T.

THOMAS WYCK.

91. La vue d'un Port des environs de Gênes : Sur le devant, des marchands arméniens ; plus loin, une femme à la promenade, qu'une autre femme accompagne en tenant un parasol au-dessus de sa tête. Quantité d'autres figures accessoires, des vaisseaux marchands, des fabriques, des statues, ter-

minent cette composition, l'une des plus riches & des plus capitales de ce maître. — Hauteur 25 pouces 6 lignes, largeur 41 pouces.

MONMERSE.

92. Le devant d'une Prairie près d'une Ferme. On y voit trois figures, savoir : une femme qui trait une vache, une autre debout, & un homme qui prépare le lait dans les vases ; & de plus, sept moutons & plusieurs vaches. — Hauteur 22 pouces 6 lignes, largeur 27 pouces 6 lignes. C.

G. TILBORGH.

93. L'intérieur d'une Chambre de Paysan, où l'on voit deux hommes & deux femmes assis à une table ; une femme est endormie, & les autres personnages sont occupés à boire. Il est rare de trouver un Tableau aussi harmonieux, & d'une couleur plus transparente. — Hauteur 7 pouces, largeur 9. B.

ANT. FRANÇOIS VANDERMEULEN.

94. Un Défilé de Troupes, ou Marche d'infanterie, de cavalerie, de chariots, &c. On voit à droite un bois, & à gauche un village. Ce Tableau, d'une brillante couleur, est aussi d'une belle touche. — Hauteur 27 pouces, largeur 36. T.

PAR LE MÊME.

95. Deux petits Tableaux représentant des Chocs de Cavalerie. Ils sont d'un ton clair, d'une touche spirituelle, & d'une finesse qui doivent les faire rechercher avec empressement. — Hauteur 5 pouces, largeur 6 pouces 3 lignes. B.

DEVETTE.

96. La vue d'un grand Chemin, sur le devant duquel des voyageurs tombent, avec leur voiture, dans les mains des voleurs. — Hauteur 18 pouces, largeur 22. B.

CULINBOURG.

CUYLINBURG.

97. Des Rochers & Souterrains voutés, où tombe une eau limpide dans laquelle sept figures de femmes sont vues se baignant. Un lointain frais & de ton brillant ne laisse rien à désirer à cette agréable production. — Hauteur 12 pouces, largeur 14 pouces 6 lignes. B.

JEAN LINGELBAC.

99. La Vue d'un Port. Sur le devant on décharge sur une voiture un bateau chargé de foin. 13 figures & plusieurs chevaux ornent ce joli tableau, qui est d'un ton solide & d'un effet piquant. — Haut. 10 p.ces, larg. 12. T. collée sur B.

PYNAKER (en Italie).

100. Un Paysage, orné de figures, de bestiaux, de torrens, de rochers, de ponts de bois, de montagnes, d'arbres & de maisons. Il est éclairé par un soleil chaud & brillant. — Hauteur 29 p.ces, larg. 46. T.

ZACHT-LEVEN.

101. Une Vue très-étendue du Rhin & des pays montueux qui l'environnent. Ce riche Tableau, rempli de détails fins & agréables, est d'une couleur vaporeuse & d'une perspective agréable. Il est un des plus beaux de ce maître. — Haut. 18 p.ces & demi, larg. 24 p.ces & demi. B.

R. RUYSCH.

102. Une Table de marbre couverte d'un tapis vert foncé, ornée de fleurs variées, telles que tulipes, roses & autres. — Haut. 7 p.ces, larg. 5 p.ces & demi. B.

F. PESTE. 1661.

103. Un Vestibule d'architecture variée, où l'on voit

différentes figures groupées, admirant la beauté de l'édifice dont une le dessine. — Haut. 20 p.ces, larg. 26 p.ces & demi. T.

LÉONARD BRAEMER.

104. Job sur son fumier, tourmenté par les démons. Dans le fond, sa maison est en flamme, ses enfans sont censés périr sous ses décombres. Tableau harmonieux & d'une touche fine. — Haut. 21 p.ces, larg. 28 p.ces & demi. B.

ERNEST DIÉTRICH. 1762.

105. Deux Tableaux capitaux & des plus gracieux de ce maître. L'un est composé de 6 figures de femmes qui se baignent dans des sources d'eau pure passant au travers de rochers d'une forme pittoresque. L'autre est une composition de quatre femmes & de six moutons. — Haut. 22 p.ces, larg. 19.

Ces deux beaux Tableaux, faits pour le célèbre Wille, graveur, connu de toute l'Europe, & ami intime de Diétrich, ont fait long-temps l'ornement de son cabinet, où ils ont été gravés. Ils ont ensuite passé dans le cabinet de M. de Montalan, dans la vente duquel ils ont été vendus sous le n.° 37, dans le mois de messidor an 10.

J. V. SPANDONCK.

106. Une Grappe de Raisin muscat tenant à un cep de vigne. Peint sur bois & cassé. — Haut. 12 p.ces, larg. 13 p.ces & demi.

ÉCOLE FRANÇAISE.

SIMON VOUET.

107. Saint-Pierre délivré des prisons. Composition de 6 figures. Ce Tableau, d'un grand effet, seroit utilement placé dans un cabinet de l'École française;

vû qu'il rappelle l'effet & la couleur du Teintoret. — Haut. 21 p.ces, larg. 17. T.

F. Perrier.

108. La Naissance de Louis XIV. Dans le milieu du Tableau & sur le devant, Vénus debout sur une coquille, donne la main à ce jeune prince, qui est assis sur un dauphin. Des amours & des dieux marins forment le principal groupe : des nayades couronnées de fleurs & des tritons sonnant de leur conque, les entourent & les accompagnent. Sur un plan plus éloigné & derrière eux, on remarque d'autres dieux des eaux montés sur des chevaux marins. La Renommée plane dans les airs, tenant d'une main sa trompette, & de l'autre une couronne de lauriers entrelacés de lys ; un génie tient un flambeau, & Jupiter, assis sur un nuage avec tous ses attributs, semble annoncer par sa présence les hautes destinées du jeune roi. — Haut. 5 pieds 2 p.ces, largeur, 7 pieds 7 p.ces C.

Cet illustre artiste qui honore l'école françoise, a fait à l'âge de 48 ans, la riche et poétique composition que nous présentons au public.

Le Bourguignon.

109. Une Bataille de Turcs & de Cuirassiers, composition riche, pleine de feu & de chaleur, & de la touche la plus franche & la plus belle. Il seroit difficile de trouver un Tableau de ce maître, plus capital & plus beau. — Hauteur 36 pouces, largeur 48. T.

Attribué à Bourguignon.

110. Une Bataille. Sur la droite, un choc de cavalerie. Dans le fond, les Tourelles d'une Ville, & sur la gauche, dans une grande étendue de pays, le fort du combat. — Hauteur 39 pouces, largeur 57. C.

Ce tableau, que nous croyons de Brandt, peintre allemand, est touché avec feu.

CHAPRON.

111. La vue d'une Voûte souterraine. Un Satyre assis joue de la flûte & fait danser trois enfans. Trois autres enfans sont auprès de lui. Un joli lointain clair & brillant termine cet agréable petit Tableau. — Haut. 3 pouc., larg. 3 pouc. 9 lig. B.

LAURENT DE LA HIRE.

112. Les Enfans déchirés par les Ours, pour avoir insulté le prophète Elysée.

Un vaste Paysage orné d'architecture, où l'on voit les vestiges d'une Galerie antique. Plusieurs groupes de figures, savamment distribués, enrichissent cette composition. Ce sont les mères désolées de ces malheureux enfans, qui se disposent à emporter leurs corps morts. Sur le devant, deux femmes cherchent à en secourir une évanouie par l'excès de la douleur.

Ce Tableau est du plus beau ton de couleur possible, le dessin de la plus grande pureté, tout enfin, figures, draperies, paysage, architecture, est du fini le plus précieux. Les figures ont un pied de proportion, & il porte 4 pieds de large sur 3 de haut.

Il a été vendu 5710f sous le N.° 51, dans la Vente de M. le marquis de Ménard, & 5500f à celle de M. M***, sous le N.° 41. Le Musée ne possède rien d'aussi parfait de ce maître.

N. POUSSIN.

113. Une pleine Campagne, sur le devant de laquelle on voit une Nymphe couchée & endormie avec un enfant, un faune placé sur la gauche la considère. On aperçoit encore un fleuve & une nayade. Le calme & l'austérité qui règnent dans cette composition, disposent l'âme à cette douce mélancolie, qui fait le caractère particulier des ouvrages du Poussin. — Haut. 21 pouc. & demi, largeur 35. T.

LEMAIRE POUSSIN.

114. Des Monumens d'architecture grecque, où l'on voit sur le devant Pasiphaë, acccompagnée de sa suivante, & appuyée sur un Taureau. Elle fait faire une Vache qu'un Sculpteur est occupé à achever. Plusieurs autres Figures enrichissent cette composition, qui est d'un style noble & d'un ton argentin. — Haut. 42 pouc., larg. 54. T.

Il a été vendu sous le N.º 167 à la Vente de notre Cabinet, au mois d'avril 1791.

LENAIN.

115. Une Maison de Paysans, devant laquelle on voit un Aveugle jouant de la Vielle, & entouré de neuf petits Enfans, qui l'écoutent en riant. Sur sa droite, une femme vue debout, ayant son panier passé devant son bras, semble l'écouter. Derrière elle, un jeune Paysan lui porte la main sur l'épaule, tandis qu'un Filou, placé derrière lui, fouille dans sa bourse. — Haut. 46 pouc., larg. 57. T.

Ce Tableau capital a passé dans plusieurs Collections, notamment celle de Nogaret.

EUSTACHE LESUEUR.

116. L'Annonciation. La Vierge est à genoux, les bras croisés, & le regard baissé vers l'Ange, qui, de la main droite, lui montre le Saint-Esprit, & tient un lys dans la gauche. Les Figures de 16 à 17 pouces de proportion.

La noblesse des caractères, la pureté des draperies, & le ton céleste, si l'on peut dire ainsi, qui règnent dans cette excellente composition, nous la font regarder comme une des plus parfaites de ce grand maître. C'est un ouvrage véritablement précieux sous les principaux rapports de l'art. Il est de forme ronde, & son diamètre est de 20 pouces 3 lignes.

PAR LE MÊME.

117. Deux Tableaux faisant pendant.

Le premier représente une femme assise, distribuant du pain à deux enfans nus, placés à ses côtés, l'un debout, l'autre à genoux.

Dans le second, c'est une femme agenouillée & en pleurs, devant qui sont deux enfans morts appuyés sur ses cuisses. Elle tient de la main droite la croix du Sauveur. La partie gauche de son corps est enveloppée d'une draperie verte qui lui tombe sur la tête.

Ces deux Tableaux sont d'un style sévère, & dans le caractère familier à Lesueur. Ils viennent de la chapelle de M. Turgot. — Hauteur 43 pouces, largeur 32. B. — Ils sont bien conservés.

La rareté des ouvrages de ce grand maître est connue.

CHARLES LEBRUN.

118. La Vierge vue en buste, tenant de la main gauche le bas de son voile, la tête tournée de trois quarts. Ce Tableau fin & précieux, est du caractère le plus noble & d'un bel accord. La bordure est en bronze doré d'or mât. — Diamètre 3 pouces 6 lignes. C.

Il a été vendu sous le n.° 135, dans la vente du cabinet de M. de Calonne, au mois d'avril 1788.

NICOLAS LOIR.

119. Laban cherchant ses dieux. Composition de neuf figures. Ce Tableau a orné le cabinet de Michel Vanloo, dans la vente duquel il a été donné sous le nom de Sébastien Bourdon. D'autres fois il a été attribué à Poussin. On peut dire qu'il honore l'école française & l'artiste, & que sa perfection le rend digne des plus belles collections. — Hauteur 11 pouces, largeur 13 pouces 9 lignes. T.

L. BOULONGNE.

120. Esther devant Assuérus. Composition de huit figures. — Hauteur 19 pouces, largeur 22. T.

F. LEMOINE.

121. Notre Seigneur faisant la Cène avec ses disciples : Grande & belle composition.

Ce Tableau faisoit partie de ceux que ce célèbre artiste a exécutés en 1717, & étoit du nombre de ceux faits pour le réfectoire des Cordeliers d'Amiens. — Hauteur 5 pieds, largeur 8 pieds 6 pouces. T.

DUMONT LE ROMAIN.

122. Deux Tableaux.

L'un, Hercule qui étouffe Antée. Sur le devant la terre paroît éplorée.

L'autre, Glaucus amoureux de Scylla. Composition de huit figures. — Hauteur 4 pieds 3 pouces, largeur 3 pieds 3 pouces.

Ces deux Tableaux, d'une belle ordonnance, sont aussi d'une couleur ferme & harmonieuse.

LE CHEVALIER VOLLAIRE.

123. Un Tableau où l'on voit au travers d'une voûte de roches, une rivière qui tombe en cascade sur le devant, tandis qu'une grande étendue d'eau se prolonge sur la gauche. Cette partie de la composition est ornée d'un pont, de rochers, de masses d'arbres & de fabriques. Sur le premier plan, des suivantes sont occupées à essuyer une jeune femme sortant du bain. — Hauteur 3 pieds, largeur 4 pieds 2 pouces.

PAR LE MÊME.

124. Une belle composition, où l'on voit sur le devant des Pêcheurs retirant leurs filets de l'eau. Près d'eux sont placés trois femmes & un homme qui les

regardent. Sur la droite & en demi-teinte, un homme avec son chien, portant un échiquier. Le milieu du Tableau est traversé par un pont, composé d'une grande arche & deux petites, qui conduit à une fabrique où est établi un moulin à eau. Des masses d'arbres, des montagnes, & un ciel bien nuagé, terminent ce Tableau de même grandeur que le précédent.

Si le Chevalier Vollaire eût persisté à peindre des Tableaux de ce genre, il n'est pas douteux qu'il n'eût partagé la gloire immortelle du célèbre Vernet; ceux que nous présentons au public se rapprochant beaucoup des compositions faites en Italie par ce grand maître. Nous nous flattons que les amateurs s'empresseront d'accueillir des productions d'un tel mérite.

LANTARA & THÉOLON.

125. Deux Paysages.

L'un offre une campagne éclairée par un soleil levant. On y voit un puits auprès de diverses maisons.

L'autre, éclairé par un soleil couchant, présente sur la gauche un moulin à eau. — Haut. 7 p.ces, larg. 8 p.ces 3 lignes. B.

Ces deux jolis tableaux sont des plus précieux de ces maîtres.

LAGRÉNÉE l'aîné.

126. Deux filles vues en buste. L'une le regard tourné vers le spectateur, tient un cahier de musique & joue avec une colombe qu'elle presse sur sa gorge. — Haut. 23 p.ces, larg. 19.

Ces deux jolies tableaux sont vigoureux, & tiennent de la manière de J. Raoux.

J. B. GREUZE.

127. Un jeune Garçon vu en buste, la main gauche

appuyée sur la fraise qui orne son col. Il est penché un peu en devant & vu presque de trois quarts. Haut. 14 p.ces & demi, larg. 11 p.ces & demi. T.

Ce Tableau, fait dans le temps de l'Enfant au chien, est d'une beauté de forme, d'une délicatesse de pinceau, d'une grace & d'une harmonie qui n'ont appartenu qu'à cet artiste célèbre.

PAR LE MÊME.

128. Une petite Fille blonde, vue en buste, placée sur un oreiller cramoisi, la main droite appuyée sur une porte. Sa gorge est couverte d'un fichu blanc, & son regard tourné vers la droite. — Haut. 14 p.ces & demi, larg. 11 p.ces & demi. T.

DE MARNE.

129. La vue d'une Prairie, où l'on remarque, sur le devant, toute sorte de bestiaux. Au milieu du Tableau s'élève un arbre auprès duquel est une femme assise qu'un jeune conducteur de charrue vient embrasser. — Haut. 10 p.ces, larg. 14 p.ces & demi. B.

Ce Tableau offre beaucoup de finesse & de vérité.

BRUANDET.

130. La Vue d'une Forêt. Sur le devant, le tronc d'un vieux chêne, plusieurs femmes gardent des bestiaux. Tableau d'un effet piquant. — Haut. 18 p.ces, larg. 22. T.

MALLET.

131. La Vue intérieure d'un Salon. Composition de 10 figures d'hommes, de femmes & d'enfans. Chacun est occupé. — Hauteur 13 p.ces 9 lignes, largeur 17 p.ces. B.

F. BOUCHER.

132. Une Pastoral. Du plus beau faire de cet habile maître. — Haut. 12 p.ces, larg. 15. T.

Par différens Maîtres.

133. Six Tableaux de Sujets & Paysages, sur bois, qui seront vendus deux à deux.

134. Quatre Tableaux, savoir : Le portrait de Lalbane, l'Esquisse d'un Plafond, le Christ qui apparoît à la Madeleine en jardinier, & un Fumeur. Ils seront détaillés.

135. Deux Paysages. Genre de Vangoyen. — Haut. 4 p.ces & demi, larg. 5 p.ces 9 lignes. B.

136. Deux Tableaux, l'un d'Armand Suaneveld, & l'autre de Teniers. Ils seront détaillés.

Tableaux de différens Maîtres.

137. Divers Tableaux roulés & sans bordure venant de l'étranger, qui seront vendus sous ce n.°

138. Douze Tableaux bordés, qui seront vendus sous ce N.°

139. Beaucoup de différentes Bordures, qui seront détaillées sous ce N.°

ÉMAUX DU CÉLÈBRE PETITOT.

140, 141, 142. Trois Portraits de Femmes. L'une brune, la seconde châtain, la troisième blonde, d'après Mignard & de Troy. Leur conservation nous paroît parfaite. Les grandeurs sont de 15 lignes sur 12 & demi, & de 13 sur 10, 11.

Nous ne nous étendrons pas sur le mérite de ces trois articles que nous diviserons. Nous nous contenterons de dire qu'ils sont de la plus grande finesse, & dignes des amateurs les plus difficiles.

GOUACHES ET DESSINS MONTÉS,

Par différens Maîtres.

JACQUES VANDERULFH.

143. Une Vue de la Turquie, ornée de Palais & Monumens, où l'on voit sur le devant divers Voyageurs. Jolie gouache qui ne peut plus changer. — Haut. 6 pouc. larg. 8.

NOEL.

144. Deux Gouaches. Vues de Ports, Roches, Monumens & Paysages touchés avec goût & facilité. — Haut. 11 pouc., larg. 15.

MOREAU.

145. La Vue d'une Maison de fermier, environnée de paysages & Lointains. — Haut. 8 pouc. larg. 13.

NOEL.

146. Une grande Gouache & aquarelle, enrichie de Monumens, chute d'eau, rivières, montagnes, &c. — Hauteur 16 pouces & demi, largeur 26 pouces & demi.

HUET.

147. Deux Paysages enrichis de ruines, figures & animaux; Gouaches vigoureuses & d'une belle couleur. — Haut. 9 pouc., larg. 10.

CHARLIER.

148. Le Triomphe de Galatée, composition de cinq figures. Mignature distinguée de ce maître, à 8 pans. — Haut. 4 pouc. & demi, larg. 5.

LOUTHERBOURG.

149. Une Bataille de 9 figures, à la sanguine, sur papier blanc, composée & exécutée avec goût & chaleur. — Hauteur 13 pouces & demi, largeur 17 pouces & demi.

CAZANOVA.

150. Deux Dessins. L'un représente des bestiaux en repos gardés par des pâtres. Ils sont exécutés sur papier gris au bistre, & rehaussés au crayon blanc. — Haut. 13 pouc. larg. 18.

DESSINS MONTÉS.

PILLEMENT.

151. Deux Dessins à la pierre noire sur papier blanc. L'un représente une marche de pâtres & bestiaux, l'autre un repos. Ces deux Dessins sont des plus capitaux connus de ce maître. — Haut. 14 pouces & demi, largeur 20 pouc. & demi.

BOISSIER.

152. Deux Dessins. Vues de fabrique, Rochers & Rivière où l'on remarque une barque sur le devant; à l'encre de la Chine un peu coloriée. — Haut. 6 po. 6 lig., larg. 11 pouc. & demi.

FRAGONARD.

153. Une des jolies compositions de cet artiste, représentant de jeunes Filles qui font danser un chien ; lavée de bistre sur papier blanc. — Haut. 13 pouc. larg. 17.

BOUCHARDON.

154. Quatre Dessins à la sanguine sur papier blanc, faits pour des médailles, de 9 pouc. en quarré.

PAR LE MÊME.

155. Une jeune Femme au bain, dessin de forme ronde de 2 pouc. 9 lignes.

VANDERCABEL.

156. Un Paysage, où des pâtres conduisent des bestiaux à travers un gué, charmant Dessin digne de N. Berchem, à l'encre de la Chine, sur papier blanc. — Haut. 7 pouc., largeur 9.

LAURENT DE LA HIRE.

157. La Résurrection de la Vierge, au crayon noir lavé de bistre, sur papier blanc. — Haut. 7 pouc. larg. 5 pouc. & demi.

GENNARO.

158. La Vierge tenant sur elle l'Enfant Jésus. Figures à mi-corps, à la plume, & lavé au bistre, sur papier blanc. — Haut. 6 pouc., larg. 7.

TERRES CUITES, BRONZES ET MARBRES.

Terres cuites.

159. Plusieurs Figures & Groupes, qui seront vendus sous ce numéro.

Bronze grec.

160. Deux Bustes. L'un de l'empereur Adrien, forte nature. Ce morceau est d'une haute distinction par la pureté de sa forme & la beauté mâle de son Exécution. Il porte 2 pieds 1 p.^{ce} de haut, non compris un piédouche de marbre de Flandre. Il a orné le cabinet de M. Dennery, dans la vente duquel il a été inscrit sous le n.° 49.

L'autre Buste est celui de Faustine, aussi de forte nature. Son mérite égale celui du précédent auquel il sert de pendant. Son piédouche est de bronze. Il a fait partie de la collection du roi au palais des Tuileries, & se trouve gravé à la fin du volume des Tableaux.

Ces deux Bustes sont des morceaux du premier ordre qu'on ne trouve guères que dans les cabinets des souverains. Ils ont été vendus 2000^{l}, sous le n.° 492 du Catalogue de la vente de notre cabinet, au mois d'avril 1791.

Bronzes antiques.

161. Plusieurs petits bronzes antiques qui seront détaillés sous ce N°.

Granit oriental rose d'Égypte

162. Deux forts Vases de la plus belle forme, élevés

& à cannelures torses de relief, ornés de chûtes de feuilles de laurier, avec gorges, rosaces & boutons de pomme de grenade en bronze, doré d'or moulu. Ils sont placés sur des piedouches de même granit & pieds carrés en bronze ciselé, avec ornemens. — Haut. 24 pouc., diamètre 10.

Ces deux Vases précieux ont orné le beau Cabinet de M. Boisset, & viennent, en dernier lieu, de celui de M. Robit, N.° de son Catalogue.

Phorphyre rouge.

163. Deux Colonnes de travail antique, garnies de bronze, avec tore de vert antique, & socle de grand antique de 3 pieds 5 pouces de hauteur sur 4 pieds 2 pouces de pourtour. Elles portent en tout 46 pouces de hauteur.

On connoît la rareté de morceaux aussi précieux; ce sont les deux seuls que l'on possède dans la curiosité. Ils ont ont été apportés d'Italie par le duc de Saint-Aignan, ambassadeur à Rome.

Sculpture en Marbre.

164. Figures & Bustes en marbres, qui seront détaillés sous ce N.°, dont un grand Vase capital, en marbre blanc.

Pierres gravées en relief.

165. Vénus & Adonis, camée onix à 5 à 6 lits, composé de 4 figures, animaux & autres accessoires. Cette Pierre capitale & de la plus haute importance, a 20 lignes de largeur sur 14 de hauteur, le travail en est fin & délicat, & la conservation parfaite. On pourroit distinguer plus de 10 lits dans son épaisseur qui a plus de 4 lignes.

Cette Pierre peut faire un beau dessus de boîte, Une belle agraphe de ceinture, ou une pierre de collier.

Idem.

166. Saint-Georges combattant le dragon. Superbe onix orientale à trois lits noirs, blancs & roux, caractère des plus belles sardoines onix. à l'entour est gravé : *Honni soit qui mal y pense.* Ovale de 11 lignes sur 9.

Idem.

167. Plusieurs autres Pierres gravées que nous n'avons pas eu le temps de décrire, & qui seront vendues sous ce n°. On y trouvera des morceaux rares.

Agates.

168. Une belle Coupe, avec son couvercle, de 4 p.ces de longueur sur 3 p.ces de hauteur, de belle agate sardoine mamelonnée d'Orient, nue & sans aucun ornement ; susceptible de faire un des plus beaux morceaux en ce genre, vu la facilité que sa belle forme prêtera à la monture.

Idem.

169. Un Evaporatoir odoriférant d'agate orientale avec taches d'arborisation, de 7 p.ces de hauteur, forme de bouteille à long goulot. Ce morceau, qui a tout été évidé par le goulot, est un chef-d'œuvre d'adresse & de difficulté ; enfin, la beauté de sa matière & l'élégance de sa forme le rendent susceptible d'une monture élégante.

Idem.

170. Une belle Tasse & sa Soucoupe, de couleur sardoine claire, de 3 p.ces 3 lignes de diamètre, bien évidées & d'un beau poli.

Idem.

Idem.

Une petite Tasse d'agate blonde orientale, enrichie de plusieurs arborisations, de 2 p.ces de diamètre, & évidé avec rebord.

Ces quatre morceaux, dénués de tout ornement, sont dignes des amateurs dont le goût fin & délicat se porte sur les morceaux aussi rares qu'agréables.

Boîte.

Une Boîte d'agathe herborisée, du plus bel orient, dont le dessus offre des groupes d'arbustes & buissons; la culasse, creusée dans le même morceau, offre un tronc d'arbre mousseux. — Hauteur 12 lignes, largeur 27.

Ce fin & précieux morceau, est de la plus grande rareté.

PORCELAINE ANCIENNE.

Bleu céleste de la Chine.

171. Un petit Pot-à-l'eau uni, à cartouches gauffrées, à branchages de feuille; sa Jatte unie; le tout monté en vermeil. Ce précieux morceau a passé dans les plus belles collections, notamment dans celle de la duchesse Mazarin.

Porcelaines bleu céleste d'ancien Chine.

172. Deux Chats avec des yeux d'émail, posés sur leur pied de bronze.

Idem.

173. Deux Paons couchés sur leurs pattes, dont le dos s'élève à l'aide d'un jeune paon qui sert de bouton.

Idem.

174. Deux Nacelles avec dessins gauffrés & à côtes; le bouton en forme de coquille. L'on sait que la

duchesse Mazarin légua au maréchal Duras les deux siennes, qui lui avoient coûté 3,000f.

Idem.

175. Deux forts Vases avec dessins en relief; les couvercles surmontés d'un magot adhérent. Morceau de premier ordre & de la plus grande rareté.

Porcelaines truité fin, appelées Porcelaines de l'Empereur.

176. Un Vase capital, de forme ronde & quarrée, à facettes & à panneaux à jour, de fin craquelé, colorié bleu, violatre, vert & or, à double étui. Morceau unique.

Idem.

177. Un autre Vase de forme droite, élevé à 6 pans à panneaux à jour, & de même genre. Morceau unique.

Idem.

178. Un Paon de même, craquelé fin. C'est le seul que nous ayons jamais eu occasion de voir de cette espèce de Porcelaine de première rareté.

Idem.

179. Quatre Flacons de même porcelaine, craquelé fin à bouquets, vert & or. C'est de quoi former une garniture précieuse.

Porcelaines des espèces les plus rares.

180. Plusieurs Morceaux regardés jusqu'à ce jour comme uniques en leur genre. Nous nous contenterons de dire qu'ils ornoient les appartemens du feu duc de Bouillon, ainsi que quelques morceaux très-fins de laque dont nous aurons à parler.

Ancien Japon de couleur.

181. Un Vase formant Pot-Pourri, à tête d'éléphant,

saillante de chaque côté, prise dans la masse, couvert de dessins rouges & or à panneaux, de plantes coloriées; son couvercle est terminé par une touffe de fleurs & fruits à feuillage. Céladon. Ce morceau de haute curiosité fut acheté à la vente de M. de Mazarin, en décembre 1781, 400f.

Idem.

182. Deux Pots-Pourris, deux Coqs, des Bouteilles, & autres articles du même genre, seront vendus sous ce N.°

Ancien Céladon.

183. Deux Magots sur rocher, du plus ancien céladon du Japon: morceau rare & unique.

Ancien Violet.

184. Deux Soucoupes de couleur foncée & d'un bel uni non piqué.

Idem.

185. Deux autres plus élevés de bord & de même qualité.

Idem.

186. Un petit Berceau de fleurs, morceau fort rare.

Idem.

187. Une Fontaine à panneaux, bleue céleste, *idem.*

Ancien Laque du Japon.

188. Une Boîte plate de 11 pouces, connue pour l'écritoire de M.me de Pompadour. Le dessus est enrichi de trois magots en relief du Japon, en or variés & à grains brillans; le tout sur fond aventurine. Ce morceau, très-rare, est de la plus grande beauté.

Idem.

189. Un Fruit sur plateau, à branchage & feuilles. Morceau de la plus grande finesse.

Idem.

190. Une Boîte singulière, composée de six morceaux de différens laques de première finesse.

Idem.

191. Une Boîte à huit pans, s'ouvrant en trois parties, de laque fond usé & en relief, de 3 pouces sur 2 pouces 9 lignes.

Idem.

192. Une Boîte arrondie, avec dessus de paysages, renfermant un plateau. — Hauteur 1 pouce, largeur 3 pouces 6 lignes.

Idem.

193. Une Boîte en forme d'éventail, le dedans enrichi d'un plateau de laque fin, fond aventurine & pannaux de mosaïque.

Idem.

194. Une Boîte ronde à quatre parties, fond noir, à grains d'or brillans en relief. *Plus*, un pied ou plateau à quatre pieds, de même genre de laque du Japon.

---

195. Deux Glaces du plus grand volume.

196. Un Mannequin.

197. Nombre d'objets qui pourroient avoir été omis.

198. Plusieurs Meubles de Boule.

FEUILLE DE DISTRIBUTION DES VACATIONS.

PREMIÈRE VACATION.

Du Mercredi 22 Thermidor an XI, ou 10 Août.

139. Partie de vieilles Bordures.
92. Monmerſe.
139. Partie de vieilles Bordures.
77. F. Millet.
139. Partie de vieilles Bordures.
137. Partie de pluſieurs Tableaux.
56. Copie de Vandick.
136. Teniers & Armand.
58. P. Gyzen.
129. De Marne.
111. Chaperon.
71. Adrien Vandenvelde.
30. Ph. Napolitain.
15 bis. Gauffredi.
12. Vieux Palme.

36. Paul Brill & Rottenhamer.

85. Vander-Elst.

114. Lemaire, Poussin.

95. Deux Vander-Meulen.

68. Van-Mool, le Christ.

83. Backuisen.

74. J. Winantz.

28. Solimène, Dalila.

1. Bataille de Constantin.

47. Teniers, Singes.

122. Deux Dumont le Romain.

107. Simon Vouet.

65. N. Berchem.

37. Deux Pierre Neef & J. Breughel.

66. J. Ruisdaal.

60. Vanderheyden & Vandenvelde.

117. Deux Lesueur.

15. Schidone, S.te-Famille.

123. Chev. Vollaire.

124. Par le même.

26. E. B. Murillo.

105. Deux Dietrich.

110. Bourguignon (attribué à).

87. J. Miel.

30 Ph. Laury.

6. J. Paul Panini.

23. Deux Molla.
34. Lucas de Leyde.
106. Spandonck.
2. Romanelli.
134. Quatre Tableaux.
42. Van Goyen.
54. Copie de Rubens.

DEUXIÈME VACATION.

Du Jeudi 23 Thermidor an XI, ou 11 Août.

---

139. Partie de vieilles Bordures.
137. Partie de plusieurs Tableaux.
139. Partie de vieilles Bordures.
130. Bruandet.
41. Vanderneer (Ant.).
118. Vierge de Lebrun.
33. Albert Durer.
99. Lingelback.
59. Goltzius.
88. J. Dewitte, vue d'église.
24. S.-Jean, du Mola.
45. Cuyp, un Enfant.
127. Greuze.

43. Gérard Terburg, Jean Dewitte.

115. Lenain.

94. Vander-Meulen.

90. Asselin.

84. Van Romeyn.

109. Bourguignon.

5. Deux J. Paul Panini.

121. Lemoine.

---

69. Villem Vendenvelde.

29. Cavalier Liberi.

64. Deux Berchem.

22. Guerchin, Clorinde.

61. Weninx, un Bacq.

17. Guido Cagnacci.

52. Rubens, S.-Denis.

57. M. Devos.

46. Grand Teniers.

112. Laurent de Lahire.

113. Annibal Carrache.

76. Francisque Millé (le capital).

113. N. Poussin.

72. J. P. Ostade.

4. Locatelli.

48. Teniers, ovale.

20. Lanfranc, Judith.

38. Pierre Néefs.

97. Cuylinburg.

81. Zustrus.

25. Attribué à Salvator.

102. Rachel Ruysch.

104. Braemer.

133. Six Tableaux.

TROISIÈME VACATION.

Du Vendredi 24 Thermidor an XI, ou 12 Août.

---

139. Partie de vieilles Bordures.

137. Partie de plusieurs Tableaux.

139. Partie de vieilles Bordures.

138. Douze Tableaux.

139. Partie de vieilles Bordures.

120. Boulongne.

103. Peste.

101. Zacht-Leven.

44. Terburg.

51. Van Uden & Teniers.

126. Lagrenée l'aîné.

100. Pynaker.

96. Dewitte.

125. Deux Lantara & Théolon.

93. Tilborgh.

80. Leduc.

18. Sirani.

78. J. Both d'Italie.

10. Alexandre Véronèse, S.-Fr.

9. Titien.

128. J. B. Greuze, petite Fille.

70. Villem Vandenvelde.

82. Schalken.

86. Vander-Elst.

87. Van Mool, la Madelaine.

16. Le Guide, S.-Pierre.

91. Thomas Swick.

35. Holbeen.

39. Pierre Néefs.

108. Perrier.

89. Moucheron.

119. N. Loir.

55. Vandick, le Christ au tombeau.

11. Alexandre Véronèse.

40. Pierre Néefs, Souterrain.

7. Fr. Bartholomæo.

49. Teniers, petits Singes.

19. Dominiquin.

116. Lesueur.

8. André del Sarto.

49. D. Teniers.

73. Hackert & Vandenvelde.

14. Schidone, Nativité, les Bergers.

53. Rubens, Vertumne & Pomone.

63. Berchem.

21. Guerchin, Loth & ſes filles.

79. Champagne.

32. Tempeſte.

31. Deux Pellegrini.

131. Mallet.

132. Boucher.

135. Deux Payſages.

QUATRIÈME & DERNIÈRE VACATION.

Du Samedi 25 Thermidor an XI, ou 13 Août.

Depuis le n.° 140 juſques & y compris le n.° 197;

COMPRENANT

Les Émaux par Petitot; Gouaches, Deſſins, Terres cuites, Figures & Buſtes en marbre, Bronzes, Vaſes, Colonnes, Pierres gravées en relief & en creux, Porcelaine du Japon & de la Chine, ancien Laque du Japon, Glaces, & autres objets.

www.ingramcontent.com/pod-product-compliance
Ingram Content Group UK Ltd.
Pitfield, Milton Keynes, MK11 3LW, UK
UKHW022139190726
13855UKWH00003B/1247